NOTICE

SUR

SAINT GERMIER

CONFESSEUR, ÉVÊQUE DE TOULOUSE,

AVEC LA

MESSE ET LES VÊPRES DE SA FÊTE

à l'usage des

FIDÈLES ET DES PÈLERINS
DE
L'ÉGLISE DE BOUCAGNÈRES, DIOCÈSE D'AUCH.

AUCH

IMPRIMERIE ET LITHOGRAPHIE F. FOIX, RUE BALGUERIE.

—

1865

AVANT-PROPOS.

On n'a visé dans cette courte notice qu'à satisfaire la piété des pèlerins qui vont invoquer saint Germier dans l'église de Boucagnères. Mais comme l'édification ne peut se trouver que dans la vérité, on a dû laisser quelques traces de discussion et de doute dans le récit. On ose croire néanmoins que l'histoire de saint Germier, telle qu'on l'a esquissée dans ces quelques pages, peut être lue avec intérêt et avec fruit par les chrétiens les moins habitués aux recherches critiques, et que, d'un autre côté, elle peut soutenir, au point de vue de la fidélité historique, un examen sérieux. Le rédacteur de cette courte biographie a eu sous les yeux, entre autres ouvrages, les ACTES DES SAINTS des Bollandistes (16 mai), l'*Histoire du Languedoc*, de dom Vic et dom Vaissète (tome I), et l'*Histoire de l'Eglise de Toulouse*, par M. l'abbé Salvan (tome I).

NOTICE SUR SAINT GERMIER

I

Commencements de saint Germier.

Saint Germier naquit très probablement à Angoulême, au commencement du règne de Clovis (481). Ses parents, nobles et riches d'ailleurs, étaient bons catholiques. Ils élevèrent leur enfant dans les principes de la foi et les habitudes de la piété, et lui firent donner de très bonne heure les éléments de l'instruction ecclésiastique. La vocation de Germier se révéla bientôt avec éclat. Ses progrès furent également rapides dans la vertu et dans la science. « On rapporte, dit son naïf légendaire, qu'en trois mois et demi il acquit une connaissance parfaite de toutes les saintes Ecritures. »

Encore adolescent, il quitta sa patrie pour se rendre à Toulouse où il devait trouver des ressources plus abondantes pour enrichir sa rare et précoce intelligence. Peut-être y était-il appelé aussi par des relations de parenté qui nous sont restées inconnues. Du moins, il eut dans cette ville, une des plus importantes de la Gaule, un train de maison assez considérable. Deux jeunes clercs l'avaient suivi, qui restèrent toujours attachés à sa personne. L'un était Placidus, son filleul; l'autre, Pretiosus, son économe, qui, plus tard, à ce qu'on assure, écrivit sa vie dont le texte authentique n'est point arrivé jusqu'à nous.

II

Jeunesse de saint Germier. Il reçoit les Ordres sacrés.

Toulouse appartenait alors aux Visigoths qui étaient Ariens. Mais les vainqueurs de nos belles contrées n'enlevèrent jamais à nos pères, et en particulier à la population toulousaine, la foi en la divinité de Notre-Seigneur Jésus-Christ. Avec la foi catholique, la piété se maintint toujours vive au sein du peuple converti par saint Saturnin. Dans cette ville, à bon droit nommée sainte, le jeune Germier fut entouré bientôt de l'admiration et de l'amour du clergé et du peuple. Il avait toutes les vertus chrétiennes, si rares chez les jeunes gens de riche famille, à cette époque partagée entre la corruption de la civilisation romaine et les instincts féroces des barbares. Il faisait surtout un usage bien méritoire de sa richesse, dont le tiers était toujours distribué aux pauvres.

Ses études étant plus qu'achevées et son âge l'appelant à entrer dans les ordres, il partit de Toulouse pour recevoir le sous-diaconat (1). Soit que le siége d'Angoulême se trouvât vacant, soit pour toute autre raison, ce fut l'évêque de Saintes qui le lui conféra. Le même évêque le fit diacre, un peu plus tard, dans la ville de Jonsac. Germier redoubla de vigilance et de zèle pour sa perfection dans ces moments solennels de sa vie. Ses prières, ses veilles, ses jeûnes étaient pour ainsi dire continuels. Sa charité surtout devenait de plus en plus dévouée et industrieuse. « Mes enfants, mes frères, disait-il aux deux clercs attachés à sa maison, nous devons toujours penser aux pauvres. C'est notre devoir de leur faire part des biens que Dieu nous accorde. Rappelez-vous qu'il est écrit : Il vaut mieux donner que recevoir. »

III

Saint Germier est fait évêque de Toulouse.

L'élévation de Germier à l'épiscopat est la partie la plus obscure de son histoire. L'écrivain qui nous l'a transmise vivait trop longtemps après

---

(1) Le sous-diaconat n'était pas encore un *ordre sacré*, mais il était considéré comme très supérieur en dignité aux ordres précédents.

notre saint pour avoir pu tout raconter avec une exactitude rigoureuse. Est-il vrai que Germier entreprit un long voyage, sur la parole d'un Ange, pour aller recevoir l'onction épiscopale de trois prélats réunis sans l'attendre dans une ville du Midi? On aimera mieux croire peut-être que notre diacre étant déjà populaire à Toulouse, les vœux du clergé et du peuple se portèrent sur lui après la mort d'Héraclien, évêque de cette ville, vers 511, et que trois évêques de la province ayant pu se réunir à Arsat, alors ville épiscopale, depuis paroisse du diocèse de Nimes, y appelèrent d'Angoulême, ou y reçurent, par une disposition de la divine Providence, notre saint qui regagnait Toulouse.

Il fut reçu avec enthousiasme par Tornoald, évêque d'Arsat, et par deux autres évêques réunis à lui sans doute en vue de cette consécration. Malgré ses humbles protestations, il dut consentir à se laisser imposer les mains. « Alors, dit le légendaire, le serviteur de Dieu prenant dans ses mains sa chevelure, comme c'était l'usage du temps, alla faire son hommage aux autels du Seigneur et aux reliques déposées dans l'église en présence des mêmes évêques. » Le lendemain, les prélats lui donnèrent, dans une cérémonie solennelle, la prêtrise et l'épiscopat; et quand ils eurent rendu grâce, Germier offrit le saint sacrifice et distribua la communion aux fidèles. Après la messe, Tornoald le reçut dans sa demeure où les quatre évêques prirent leur repas en remerciant toujours le Seigneur de ses bienfaits. Sur la prière de ses confrères, Germier resta encore quelques jours avec eux.

IV

Entrevue de saint Germier et du roi Clovis.

Ces jours de sainte retraite étant écoulés, Germier dut se rendre dans sa ville épiscopale. Mais l'historien place en cet endroit son entrevue avec le roi Clovis. Ce n'est pas que notre saint ait visité Paris avant de se rendre à Toulouse : Clovis devait être alors dans un château du pays qu'il venait de soumettre à ses armes. Moissac, par exemple, se trouve sur la route d'Arsat à Toulouse ; c'est peut-être là que Germier vit le roi des Francs. Avec le dernier historien de l'église de Toulouse, « nous regardons comme certaines toutes les circonstances de cette entrevue mémorable. » Nous la laisserons raconter par le pieux légendaire qui est notre guide en l'absence des documents originaux.

« Le roi envoya des messagers pour trouver Germier (dont il avait appris le prochain passage), avec ordre, s'ils le rencontraient, de le conduire auprès de lui. Comme il traversait la ville, il apprit que le roi voulait le voir. Il se rendit devant Clovis et lui fit une inclination profonde. Heureux de voir un si saint homme, et dont il avait ouï dire tant de bien, le roi lui demanda : « Qui » êtes-vous? d'où venez-vous? comment vous appe- » lez-vous? Il répondit : « On m'appelle Germier; » je suis né à Angoulême; j'ai été envoyé dès mon » enfance à Toulouse pour y être instruit dans les » lettres. J'ai été fait sous-diacre à Saintes, dia- » cre à Jonsac, et enfin, malgré mon indignité, » évêque à Arsat. Mais c'est en Dieu que je mets » ma confiance. » Le roi dit alors : « Celui qui » s'élève sera abaissé, celui qui s'abaisse sera » élevé. Vous êtes un homme plein de vertu, et » l'Esprit de Dieu parle par votre bouche. »

» Clovis invita ensuite Germier à sa table; tous les convives prirent place, après que les mets eurent été bénis par l'évêque. Quand on fut assis, Germier donna aux rois et aux grands les eulogies; et quoiqu'elles fussent de la même qualité que les mets servis sur la table, les convives les recevaient comme une nourriture venue du ciel et rendaient grâce à Dieu et au roi de leur avoir fait connaître un si grand saint. Ils recevaient de ses paroles la confirmation dans la foi, et conduits par la grâce de l'Esprit saint, ils lui confessèrent leurs péchés. Il disait à tous ceux qui croyaient :

« Mes enfants, faites pénitence et tenez les promes-
» ses que vous avez faites à Dieu pour ne point
» être condamnés au dernier jugement. »

« Le roi reconnut bien qu'il avait affaire à un
saint et le conjura de prier pour son âme; il ajouta :
« Demandez-moi ce que vous voudrez de tous mes
» biens, et mes serviteurs entreront à votre ser-
» vice. » — « O roi, répondit Germier, je ne vous
» demande rien de vos domaines; concédez-moi
» seulement dans le territoire de Toulouse autant
» de terre que pourra en couvrir ma robe déployée
» à côté de saint Saturnin, mon maître, près duquel
» je désire que mon corps repose après mort : car
» après Dieu, je veux l'avoir à Toulouse pour dé-
» fenseur et pour appui. » Clovis lui dit : « Je
» vous donne autour du lieu appelé Doz (1) six
» mille mesures de terre, et pour enterrer vos
» morts autant de terrain que sept paires de bœufs
» en peuvent labourer en un jour. »

» Germier demeura vingt-deux jours près du
roi qui lui donna une grosse somme d'or, cinq
cents sicles d'argent, des croix d'or, des calices
d'argent, avec leurs patènes, trois crosses ornées
de travaux d'or et d'argent, trois couronnes dorées
et trois manteaux ou chapes de fin lin. Il lui re-
mit un acte scellé de son anneau et du sceau de

(1) Aujourd'hui Ox, près Muret (Haute-Garonne).

ses principaux officiers, par lequel il lui assurait la possession des terres qu'il lui avait données, libres de toute redevance. Clovis dit ensuite à ceux qui l'entouraient : « Faites ce que vous me verrez faire; » et s'approchant de Germier il lui offrit son hommage en lui présentant les cheveux de sa tête; ce que les autres firent après lui. Enfin Clovis embrassa le saint et lui dit adieu. Une foule innombrable l'accompagna jusqu'à une distance d'environ quatre milles. Ce saint évêque leur dit alors en versant des larmes : « La paix soit avec » vous, mes frères! Persévérez dans la foi que » vous avez embrassée et retournez chez vous. » Que le Seigneur soit toujours avec vous! » Et ils le quittèrent. »

Pour comprendre l'action salutaire de saint Germier sur les Francs, il faut se rappeler que les compagnons de Clovis étaient nés dans le paganisme et avaient été baptisés depuis peu par saint Remy, archevêque de Reims. Les discours et les saints exemples du nouvel évêque de Toulouse affermirent dans la foi ces néophytes dont quelques-uns peut-être étaient encore à demi païens. Le saint archevêque qui leur avait conféré le baptême n'ignora pas que Germier avait perfectionné son œuvre, et il voulut lui en témoigner sa reconnaissance. D'après une tradition recueillie à Toulouse par l'historien Catel, saint Remy envoya à saint

Germier une mitre, une paire de gants et un anneau. L'évêque de Toulouse, après la mort de Remy, fit placer ces objets dans un oratoire qu'il fit construire en son honneur, et qui, depuis, a donné son nom à la rue Saint-Remésy. Ils ont toujours été vénérés par les pieux habitants de Toulouse qui surent les dérober aux fureurs de la Révolution; la mitre et les gants sont encore aujourd'hui conservés dans la basilique de Saint-Sernin.

V

Saint Germier à Toulouse.

Germier put enfin gagner Toulouse où il était impatiemment attendu; il entra solennellement dans sa ville épiscopale et fit au milieu de son peuple la visite de toutes les églises, et surtout de la basilique consacrée à saint Saturnin, modèle et patron de son épiscopat. Il rentra ensuite dans la maison qu'il possédait à Toulouse et où il trouva tout en bon ordre. « Il y avait longtemps que vous » nous aviez quittés, lui dirent ses serviteurs, et il » nous tardait beaucoup de vous revoir.» Pour récompenser tous ses domestiques, Germier leur fit part des richesses qu'il tenait de la munificence de Clovis. Il alla ensuite prendre possession de la terre que le roi lui avait donnée à Ox, près de

Muret. Il y fit construire une église avec trois autels en l'honneur de saint Saturnin. M. l'abbé Salvan pense qu'elle était située au confluent de la Garonne et de la Louge, non loin du château de Muret. Il n'en reste plus de trace aujourd'hui. La consécration de cet édifice se fit avec une grande solennité; trois cents flambeaux de cire brûlèrent pendant la cérémonie, et dans la nuit précédente Germier guérit par ses prières plusieurs malades qui avaient eu recours à sa puissante intercession.

La renommée de Germier, déjà bien établie à Toulouse, y croissait tous les jours avec les fruits de sainteté et les grâces temporelles qu'il répandait sans cesse sur son peuple. Les parents du jeune évêque vivaient encore dans un âge fort avancé. Ils reçurent des nouvelles de Germier sur lequel ils avaient des inquiétudes; et ils remercièrent Dieu de leur avoir donné un tel fils. Quant à lui, le zèle des âmes domina de plus en plus tout autre pensée dans son âme d'évêque.

VI

Saint Germier fonde un monastère. Sa mort.

Il voulut même joindre la sainteté du cloître aux vertus actives de l'épiscopat. Les grandes possessions que Clovis lui avait assurées à Ox se prêtaient heureusement à ses projets. Il y bâtit un

oratoire dédié à Saint Martin et tout près un monastère. M. l'abbé Salvan croit qu'à cet oratoire a
succédé l'église paroissiale d'Ox qui est encore
consacrée à Saint Martin. Sur l'emplacement du
monastère, qui a disparu depuis des siècles, s'élève
toujours une croix commémorative, et ce quartier
conserve le nom de Saint-Germier le Vieux.

Non-seulement il établit dans cette maison une
communauté religieuse au milieu de laquelle il
venait retremper dans le recueillement et la
prière ses forces usées par le soin de son diocèse,
un des plus vastes du royaume, mais il distribua
ses nombreux domestiques dans diverses habita-
tions sur ce vaste domaine. Et ce sont leurs famil-
les qui ont dû former plus tard la paroisse d'Ox
encore subsistante. Le charitable évêque eut soin
de mettre à la tête de l'administration de ses terres
de vrais aumôniers qui distribuaient aux pauvres
une large part de ses revenus.

Quant à lui, il donna toujours à ses familiers et
à son diocèse les plus beaux exemples de pénitence, d'abnégation et de piété. On raconte que
sept ans avant sa mort, un fléau désolant ayant
frappé ses troupeaux et ensuite ses serviteurs, il se
livra en cette occasion à des prières ardentes et à
des jeûnes rigoureux pour fléchir la colère du Seigneur qui ne tarda pas, en effet, à le consoler de
ses pertes. On ne sait rien de sa mort, si ce n'est

qu'elle fut sainte et précieuse devant Dieu, comme
sa vie elle-même. On n'en peut indiquer l'époque,
mais il paraît que son épiscopat avait été fort long,
et que, sacré vers l'an 514, il vivait encore en 560.

VII

Culte de Saint Germier.

Saint Germier était mort au milieu de ses dis-
ciples dans le monastère qu'il avait fondé et où il
fut enseveli. Les moines de cet établissement qui
prit plus tard le nom de prieuré sous la dépen-
dance de l'abbaye de Lézat, gardèrent avec amour
ses restes vénérables jusqu'à l'époque inconnue où
ils furent transférés dans l'église paroissiale de
Saint-Jacques de Muret, où on peut les visiter
encore de nos jours. Le saint corps était d'abord
« renfermé dans un tombeau creusé dans le mur,
et dont l'entrée était fermée par une grille en fer.
L'humidité qui régnait dans la crypte nécessita
la translation du corps dans une nouvelle châsse,
qui se trouve aujourd'hui dans une armoire en
saillie placée vis-à-vis de l'ancien tombeau.

» L'église de la Dalbade à Toulouse et la cha-
pelle du grand séminaire possèdent quelques frag-
ments des reliques de ce pontife. Il est le patron
titulaire de plusieurs paroisses dans le diocèse de

Toulouse et en particulier de celle de Frouzins, village situé entre Toulouse et Seysses Tolosanes. Une tradition du pays rapporte que saint Germier, se rendant de sa ville épiscopale à Ox, passait à Frouzins par un chemin près du cimetière, et que les fleurs naissaient sous ses pas : c'est ce qui a fait donner à cette voie le nom de *Monramet* ou des rameaux..... » (M. l'abbé Salvan.)

Le culte de saint Germier ne se répandit pas moins en Gascogne qu'en Languedoc. Mais nulle part il n'a été l'objet d'une dévotion plus spéciale que dans la modeste église de Boucagnère, jadis annexe de Durban, aujourd'hui paroissiale au diocèse d'Auch.

Il nous est absolument impossible de fixer l'origine de cette dévotion. Elle a dû prendre naissance à l'occasion de la translation à Boucagnères d'un fragment des reliques de saint Germier, translation dont aucun document ne nous indique l'époque. Quoi qu'il en soit, le concours des pèlerins n'a jamais cessé dans cet humble sanctuaire. Le vénérable M. Dussau, actuellement curé de cette paroisse, nous assure que leur nombre est encore, en moyenne, de cinq par dimanche, de deux chaque jour de la semaine, d'un millier le jour de la fête, 16 mai. La dévotion populaire s'adresse principalement à saint Germier pour obtenir le soulagement des affections morbides de la rate;

mais on l'invoque aussi pour toute autre maladie,
et on raconte une foule de guérisons obtenues par
son intercession.

VIII

Une guérison miraculeuse au xie siècle.

La seule guérison miraculeuse que nous racon-
terons s'est opérée sur le tombeau même du saint,
il y a huit cents ans; mais elle a été écrite par un
contemporain, et elle intéresse spécialement le diocèse d'Auch, puisqu'elle fait voir que la confiance
en saint Germier y est de bien vieille date. Nous
traduisons le récit contemporain :

« Il est arrivé de nos jours qu'un chevalier,
nommé Godefroy, partit de Muret pour le comté
d'Astarac (1), où l'appelaient des affaires de plusieurs nobles de son pays. L'archevêque [d'Auch,
saint Austinde, d'après dom Vaissète], le reçut en
grand honneur. Le lendemain, à son réveil, le chevalier se trouva muet. On lui demanda comment
cela s'était fait ou ce qu'il avait vu. Il répondit par
signes qu'il n'en savait rien. Ses compagnons, in-
formés de son accident, en portèrent la nouvelle
au saint archevêque, qui avait le don des guéri-

____

(1) On sait que l'Astarac touchait presque aux portes
d'Auch. Boucagnères, Pavie, etc., y étaient compris.

sons, tellement qu'il rendait la santé aux malades avec le signe de la croix. A cette nouvelle, il se vêtit de sa robe talaire et s'éloigna de tous témoins; car la foule l'affligeait, et quand il voulait exercer le ministère de la parole, il cherchait les lieux les plus solitaires. Il se rendit donc seul auprès du chevalier et fit tout pour l'engager à parler. Voyant ses invitations inutiles, il fit sur le malade le signe de la croix en l'arrosant d'eau bénite, attribuant son mutisme à la malice du démon. Comme cet acte resta sans effet, l'archevêque comprit que l'œuvre était au-dessus de ses mérites. Il dit aux assistants qu'il ne méritait pas cette grâce, étant le plus grand des pécheurs. Va, dit-il ensuite au chevalier, présente-toi au maître-autel [de Saint-Germier, à Ox], et tu y seras guéri. Les compagnons de voyage de Godefroy, entendant ces paroles, revinrent avec lui dans leur pays.

A la nouvelle du malheur arrivé au chevalier, ses vassaux et ses parents, seigneurs et grands de la contrée, vinrent au-devant de lui en versant des larmes; à toutes leurs questions, il ne put répondre que du geste. Il fit d'abord confectionner un cierge de sa hauteur, puis partit pour Saint-Germier. Il passait les nuits en prière, et il s'abstint de boire et de manger depuis le vendredi où il avait perdu la voix jusqu'au mercredi suivant, où il recommença à parler. Au point du jour, les

prêtres présents commencèrent pour lui une neu-
vaine de messes. Il fut aspergé avec l'eau bénite
par ces prêtres, et, se sentant enfin exaucé, il
commença par les prières de saint Germier à parler et à glorifier le Seigneur. Et, s'approchant de
son tombeau, il mit sur son cou, avec respect,
l'étole qu'on lui offrit, et, s'agenouillant, il dit :
« Seigneur, je m'offre, moi coupable, devant votre
autel et devant le corps de saint Germier; ayez pitié
de moi!» Et, par trois fois, il revint prier à l'autel.
Enfin, il demanda de la nourriture. On lui apporta
un pain avec un vase plein d'eau, et il mangea
après six jours de jeûne, et il revint dans sa terre
aux applaudissements de tous les témoins du mi-
racle. Il donna par reconnaissance aux deux hos-
pices de Saint-Germier deux lits garnis, et pour le
tombeau du saint deux garnitures d'un très beau
et très précieux travail. Enfin les moines et les
clercs du lieu mirent toutes les cloches en branle
et éclatèrent en louanges à l'honneur de Dieu qui
daigne opérer de pareils prodiges par saint Germier son serviteur. »

CANTIQUE A SAINT GERMIER [1].

Nos pères nous ont dit que dans ce sanctuaire
O Germier, le Seigneur exaltait votre nom,
Et que les affligés trouvaient à Boucagnère
Pour tous les maux du corps espoir et guérison.

Refrain :

Saint patron qu'invoquaient nos pères,
Dans nos maux, nous courons à vous.
Soulagez nos misères !
Germier, priez pour nous ! (*ter.*

Nous venons après eux vous offrir nos prières,
Patron cher à la terre et puissant dans les cieux !
Avec des maux pareils et de pires misères,
Nous portons à vos pieds la foi de nos aïeux.

La foule emplit toujours ce sanctuaire agreste ;
Les malades sans cesse abordent votre autel.
Guérissez leurs douleurs, ô protecteur céleste !
Il est pour tous les maux des remèdes au ciel.

En soulageant les corps purifiez les âmes.
Envoyez au pécheur de bienfaisants remords.
Gardez-nous, ô Germier, des infernales flammes
Et du péché, fléau des âmes et des corps.

(1) Peut se chanter sur l'air de : *Chrétiens qui combattons...* (LAMBILLOTTE.)

Ici-bas, en voyant triompher l'hérésie
Et le Christ-Dieu nié par de vains conquérants,
Vous priiez ; et Clovis délivrait la patrie,
Et l'Arien fuyait du royaume des Francs.

Après treize cents ans, le même affreux blasphème
Sur la terre de France ose encore retentir.
Priez pour des ingrats traîtres à leur baptême ;
Et Dieu les frappera, mais pour les convertir.

Les ennemis du Christ poursuivent son vicaire ;
Ils veulent avec Rome asservir notre foi ;
Ami du Christ, veillez sur la chaire de Pierre,
Ployez tous les esprits, tous les cœurs à sa loi.

Après des jours d'erreur, de lutte et de souffrance,
Vous vîtes poindre un siècle et plus pur et plus doux.
Ah ! rendez-nous la foi, l'amour et l'espérance !
Priez, priez encor pour la France et pour nous !

Allumez dans nos cœurs toutes vos saintes flammes :
Donnez-nous votre esprit de foi, de piété,
Votre cœur chaste et pur, votre amour pour les âmes,
Votre compatissance et votre charité.

Faites qu'après avoir semé dans la tristesse
Des larmes et des vœux au pied de votre autel,
Nous moissonnions un jour la gloire et l'allégresse
Près du trône que Dieu vous dressa dans le ciel.

EXERCICE

PENDANT

LA SAINTE MESSE

La Sainte Messe est le Sacrifice du Corps et du Sang de J.-C., le même Sacrifice qu'il a offert sur le Calvaire pour tous les hommes; il n'y a de différence que dans la manière dont il l'offre. Ainsi tâchons d'y assister avec autant de respect et autant de douleur de nos péchés que si nous le voyions crucifier de nouveau devant nos yeux.

PRÉPARATION

POUR

BIEN ENTENDRE LA SAINTE MESSE.

DAIGNEZ, Seigneur, me faire entrer dans les dispositions où je dois être pour vous offrir dignement avec le Prêtre cet auguste Sacrifice. Je vous l'offre, ô mon Dieu, en m'unissant aux intentions de Jésus-Christ et de l'Eglise, pour rendre à votre divine Majesté l'hommage souverain qui lui est dû; pour vous remercier de tous vos bienfaits; pour satisfaire pour tous les péchés du monde, et pour les miens en particulier; et pour obtenir, par Jésus-Christ votre Fils, toutes les grâces dont j'ai besoin.

Au commencement de la Messe et au Confiteor.

QUOIQUE vous n'ayez pas besoin de ma Confession, ô mon Dieu, pour connaître mes péchés, et que vous lisiez dans mon cœur toutes mes iniquités, je vous les confesse cepen-

dant à la face du Ciel et de la Terre. J'avoue que je vous ai
offensé par mes pensées, par mes paroles et par mes actions;
j'en ai une vive douleur, et je vous en demande très humblement pardon. Vierge Sainte, Anges du Ciel, Saints et Saintes
du Paradis, priez pour nous, et pendant que nous gémissons
dans cette vallée de misères et de larmes, demandez grâce
pour nous, obtenez-nous le pardon de nos péchés.

Lorsque le Prêtre monte à l'Autel.

JE vous supplie, Seigneur, d'effacer toutes mes iniquités,
afin que mon cœur étant purifié, je puisse approcher de
de votre Sanctuaire, et assister au divin Sacrifice avec moins
d'indignité. Je vous demande cette grâce, ô mon Dieu, par
les mérites de tous les Saints, et singulièrement de ceux
dont il y a des Reliques dans cet Autel.

A l'Introït et au Kyrie.

DAIGNEZ, Dieu de miséricorde, écouter favorablement nos
Prières; et sans avoir égard à nos iniquités, éclairez notre
esprit, embrasez notre cœur du feu de votre divin Amour, afin
de nous disposer à assister à vos sacrés Mystères. Suspen-
dez votre juste colère, et ne jetez les yeux que sur Jésus-
Christ, votre Fils bien-aimé, qui va s'offrir ici pour nous en
Sacrifice. Détournez votre vue de nos offenses, et effacez-
les. C'est avec une entière confiance en votre infinie miséricorde, ô mon Dieu, et sans crainte d'être rebuté, que je
vous supplie, par les mérites et au nom de mon Sauveur
J.-C., d'avoir pitié de cette âme que vous avez créée. Ayez
pitié de l'ouvrage de vos mains; faites grâce à ce criminel:
Juge encore plus miséricordieux que sévère, ayez pitié des
égarements de cet Enfant prodigue. Père plein de bonté,
ô mon Sauveur Jésus-Christ, vous êtes toute mon espérance,
toute ma consolation, toute ma force, soyez mon salut.

Au Gloria in excelsis.

GLOIRE à Dieu au plus haut des Cieux, et paix sur la Terre aux hommes qui ont le cœur droit, et qui ne cherchent qu'à vous plaire. Seigneur, nous vous louons, nous vous bénissons, nous vous adorons avec tous les sentiments que l'amour, le respect et la Religion inspirent. Que ne puis-je vous procurer autant de gloire qu'il vous en est dû, et vous rendre des actions de grâces qui puissent répondre à vos bienfaits, Père Tout-Puissant, Monarque Souverain du Ciel et de la Terre! Adorable Jésus, Fils unique et consubstantiel au Père Eternel, Seigneur absolu comme lui, en tout égal à votre Père, par quel excés d'amour avez-vous daigné vous abaisser jusqu'à devenir notre Victime, en vous immolant pour nos péchés? Agneau de Dieu, vous pouvez seul les effacer : ayez pitié de nous : et du Trône suprême où vous êtes assis à la droite de votre Père, daignez jeter un regard favorable sur nous, Seigneur, vous êtes le seul infiniment Saint, infiniment Puissant, infiniment au-dessus de tout Etre, créé avec le Saint-Esprit dans la gloire de Dieu votre Père : soyez aussi envers nous infiniment miséricordieux. Ainsi soit-il.

Aux Oraisons.

RECEVEZ, Seigneur, les Prières qui vous sont adressées pour nous, accordez-nous les grâces et les vertus que l'Eglise votre Epouse vous demande en notre faveur. Il est vrai que nous ne méritons pas que vous nous écoutiez: mais considérez que nous vous demandons toutes ces grâces par Jésus-Christ votre Fils, qui vit et règne avec vous dans tous les siècles des siècles.

A l'Epître.

JE regarde cette Epître, ô mon Dieu, comme une Lettre qui me vient du Ciel pour m'apprendre vos volontés adorables. Accordez-moi, s'il vous plaît, la force dont j'ai besoin pour accomplir ce que vous m'ordonnez. C'est vous, Seigneur, qui avez inspiré aux Prophètes et aux Apôtres ce qu'ils ont écrit; faites-moi part de leurs lumières; et mettez en même temps dans mon cœur une étincelle du feu sacré qui les a embrasés, afin que je vous serve comme ils l'ont fait sur la terre.

A l'Evangile.

C'EST ici, ô mon Dieu, votre parole : avec quel respect dois-je l'entendre ! avec quelle docilité dois-je la croire, et avec quelle fidélité dois-je lui obéir ! Je me lève, Seigneur, pour protester, à la face du Ciel et de la Terre, que je suis prêt à donner ma vie pour les vérités que votre Saint Evangile m'enseigne, et que sa morale sera la règle de ma conduite. Je ne veux plus suivre d'autres maximes que les vôtres: parlez, Seigneur, car c'est avec l'humble soumission d'un serviteur, que je vous écoute. Le Ciel et la Terre passeront : mais vos paroles, vérité éternelle, ne passeront point.

Au Credo.

JE crois, Seigneur; mais quelque vive, quelque universelle, quelque inébranlable, ce me semble, que soit ma créance, ma conduite ne me fait que trop voir combien elle est encore faible; fortifiez donc mon peu de Foi par votre grâce. Je crois fermement toutes les vérités de notre Sainte-Religion. Je crois qu'il n'y a qu'un seul Dieu en trois Personnes, Père, Fils et Saint-Esprit : Dieu éternel, Tout-Puissant, infiniment parfait, qui a créé le Ciel et la Terre, et tout ce qu'il y a, soit de visible, soit d'invisible dans l'Univers. Je crois en Notre-Seigneur Jésus-Christ, Fils unique du Père Eternel, égal en tout à son Père, vrai Dieu comme lui, Verbe incréé, par qui tout a été fait, qui pour nous délivrer

de l'enfer, et pour nous procurer une félicité éternelle, s'est
fait Homme dans les flancs de la Bienheureuse Vierge Ma-
rie, a vécu sur la terre, est mort en Croix pour le salut de
tous les hommes, est ressuscité le troisième jour, et est monté
au Ciel, d'où il viendra une seconde fois visiblement sur la
terre pour nous juger. Je crois au Saint-Esprit, Dieu comme
le Père et le Fils, procédant de l'un et l'autre, source de vie,
de vertus et de sainteté. Je crois qu'il n'y a que la sainte
Eglise Catholique, Apostolique et Romaine, qui soit la vraie
Eglise, hors de laquelle il n'y a point de salut. Et je recon-
nais le Pape comme Vicaire de Jésus-Christ, chef visible de
cette Eglise. Je reçois toutes les décisions de l'Eglise : ses
Enseignements sont la règle de ma foi. Mais, mon Dieu, que
que me sert d'avoir la Foi, si je n'en ai pas les œuvres?
Donnez-moi, Seigneur, une Foi vive, et faites que j'éprouve
ma Foi par mes œuvres.

A l'Offertoire.

QUOIQUE je ne sois qu'une créature mortelle et pécheresse,
je vous offre par les mains du Prêtre, ô vrai Dieu vivant
et éternel ! cette Hostie sans tache, et ce précieux Calice qui
doivent être changés au Corps et au Sang de Jésus-Christ
votre Fils. Recevez, Seigneur, ce Sacrifice ineffable, en
odeur de suavité; souffrez que j'unisse à cette Oblation sainte
le sacrifice que je vous fais de mon corps et de mon âme, de
mes biens, de ma vie, et de tout ce qui m'appartient.

Quand le Prêtre lave ses doigts.

LAVEZ-MOI, Seigneur, dans le Sang de l'Agneau, afin que,
purifié de toutes mes taches, et revêtu de la Robe nup-
tiale de votre grâce, je puisse espérer d'être admis un jour
au Festin que vous préparez à vos Elus dans le Ciel.

A la Préface.

IL est temps, ô mon âme, de nous élever au-dessus de toutes les choses d'ici-bas. Attirez, Seigneur, attirez vous-même nos cœurs jusqu'à vous, et souffrez que nous unissions nos faibles voix aux divers Concerts des Esprits bienheureux; que nous disions dans le lieu de notre exil ce qu'ils chantent éternellement dans le séjour de la gloire : Saint, Saint, Saint, est le Dieu que nous adorons, le Seigneur Dieu des Armées.

Après le Sanctus.

PÈRE Eternel, qui êtes le Souverain Pasteur des Pasteurs, conservez et gouvernez votre Eglise; sanctifiez-là, et répandez-là par toute la terre; unissez tous ceux qui la composent dans un même esprit et un même cœur. Bénissez notre Saint-Père le Pape, notre Prélat, notre Roi, notre Pasteur, et tous ceux qui sont dans la Foi de votre Eglise.

Au premier Memento.

JE vous supplie, ô mon Dieu, de vous souvenir de mes Parens, de mes Amis, de mes Bienfaiteurs spirituels et temporels : je vous recommande aussi, de tout mon cœur, toutes les personnes de qui je pourrais avoir reçu quelque mauvais traitement; oubliez leurs péchés et les miens, donnez-leur part au mérite de ce divin Sacrifice, et comblez-les de vos bénédictions en ce monde et en l'autre.

A l'Elévation du Saint Sacrement.

JÉSUS, mon Sauveur, vrai Dieu et vrai homme, je crois que vous êtes réellement présent dans cette Hostie : je vous y adore de tout mon cœur.

A l'Elévation du Calice.

O PRÉCIEUX Sang, qui avez été répandu pour nous sur la Croix, je vous adore : guérissez-moi, purifiez-moi, sanctifiez-moi : laissez, Seigneur, laissez couler une goutte de ce Sang adorable sur mon âme, afin de laver mes taches, et de l'embraser du feu sacré de votre divin Amour.

Au second Memento.

SOUVENEZ-VOUS, Seigneur, des Ames qui souffrent dans le Purgatoire; elles ont l'honneur de vous appartenir, d'être vos Epouses : achevez de leur faire miséricorde. Je vous recommande particulièrement celles pour qui je suis le plus obligé de prier.

Au Pater.

QUOIQUE je ne sois qu'une misérable créature, cependant, grand Dieu, je prends la liberté de vous appeler mon Père. Vous le voulez, Seigneur, faites-moi donc la grâce de ne pas me rendre indigne de la qualité de votre enfant. Que votre Saint Nom soit béni à jamais : régnez absolument dans mon cœur, afin que j'accomplisse votre volonté sur la Terre, comme les Saints le font dans le Ciel. Vous êtes mon Père : donnez-moi donc, s'il vous plaît, ce Pain céleste dont vous nourrissez vos Enfants. Pardonnez-moi, comme je pardonne de bon cœur, pour l'amour de vous, à ceux qui m'ont offensé. Ne permettez pas que je succombe jamais à aucune tentation; mais faites que par le secours de votre grâce, je triomphe de tous les ennemis de mon salut.

*A l'*Agnus Dei.

AGNEAU de Dieu, immolé pour moi : divin Agneau, qui vous êtes chargé des péchés du monde, effacez les miens. Et si j'étais assez heureux pour être déjà purifié, lavez-moi encore de plus en plus, purifiez-moi encore davantage, et préparez-vous vous-même dans mon cœur une demeure moins indigne de vous.

Au Domine non sum dignus.

Hélas ! Seigneur, il n'est que trop vrai que je ne mérite pas de vous recevoir ; je m'en suis rendu indigne par mes péchés ; je les déteste, parce qu'ils m'ont éloigné de vous : rapprochez-m'en, mon Dieu, en me parlant au fond du cœur, en m'excitant à la pénitence.

A la Communion du Prêtre.

Qu'il me serait doux, ô mon Dieu ! d'être de ces heureux Fidèles à qui une conscience pure, une vie sainte, une piété tendre permet d'être admis tous les jours à votre Sainte Table, et de communier réellement tous les jours. Faites du moins que j'y supplée par la Communion spirituelle ; vous voyez le désir ardent que j'ai de vous recevoir. Si la faim que j'ai du Pain céleste de votre Corps adorable, si cet ardent désir que j'ai de vous recevoir peut tenir lieu de préparation, mon cœur est prêt, Seigneur, mon cœur est prêt. Car, comme un Cerf cherche, après une longue course, une fontaine où il puisse se désaltérer, ainsi mon âme soupire après vous, ô mon divin Sauveur ! Pain vivant, qui êtes descendu du Ciel pour me donner la vie, rassasiez la faim d'une âme qui ne veut plus se nourrir que de vous. Faites, Seigneur, que le désir ardent que j'ai de vous recevoir, supplée à la Communion Sacramentelle dont je ne suis pas digne, et par votre bonté infinie, faites que j'en ressente les puissants effets. Si je ne suis pas si heureux que de recevoir aujourd'hui réellement votre sacré Corps, animez-moi au moins de votre Esprit. Donnez-moi une partie des grâces qu'il aurait produites en moi, si mes infidélités ne m'en avaient pas rendu indigne ; et que ces grâces, Seigneur, me fassent vaincre les obstacles qui m'empêchent de communier aussi souvent que je le désirerais.

Pendant les dernières Oraisons.

VOUS voulez, Seigneur, que vos Fidèles vous prient toujours, parce qu'ils ont toujours besoin de vos grâces, et que les trésors de votre miséricorde sont inépuisables. Répandez en nous cet esprit de Prière, qui est un esprit d'humilité, de confiance et d'amour, afin qu'en recourant à vous, comme vous le souhaitez, nous méritions d'être exaucés par Jésus-Christ votre Fils, qui règne avec vous dans la gloire.

Avant la Bénédiction.

SAINTE et adorable Trinité, sans commencement et sans fin, c'est par vous que nous avons commencé ce Sacrifice, c'est par vous que nous le finissons: daignez l'avoir pour agréable. Et comme vous êtes vous-même un abîme de Majesté, soyez aussi pour nous un abîme de miséricorde, et ne nous renvoyez pas sans nous avoir donné votre sainte bénédiction.

Pendant le dernier Évangile.

VERBE Eternel, par qui toutes choses ont été faites, qui, vous étant incarné pour nous dans la plénitude des temps, avez institué l'auguste Sacrifice de nos Autels, je vous remercie très humblement de la grâce que vous m'avez faite d'y assister aujourd'hui, veuillez que j'en ressente les salutaires effets; que tous les Anges et les Saints vous en louent dans le Ciel, et que je commence moi-même à vous bénir sur la terre, en me conduisant d'une manière digne de vous durant le cours de cette journée. Ainsi soit-il.

VÊPRES.

Dixit Dominus Domino meo : * Sede à dextris meis.
Donec ponam inimicos tuos, * scabellum pedum tuorum·

Virgam virtutis tuæ emittet Dominus ex Sion : * dominare in medio inimicorum tuorum.

Tecum principium in die virtutis tuæ in splendoribus sanctorum; * ex utero antè luciferum genui te.

Juravit Dominus, et non pœnitebit eum : * Tu es Sacerdos in æternum secundùm ordinem Melchisedech.

Dominus à dextris tuis, * confregit in die iræ suæ reges.

Judicabit in nationibus, implebit ruinas * conquassabit capita in terra multorum.

De torrente in viâ bibet; proptereâ exaltabit caput.

Ant.|t. 7. Ecce Sacerdos magnus, * qui in diebus suis placuit Deo, et inventus est justus.

Confitebor tibi, Domine, in toto corde meo, * in concilio justorum et congregatione.

Magna opera Domini, * exquisita in omnes voluntates ejus.

Confessio et magnificentia opus ejus; * et justitia ejus manet in seculum seculi.

Memoriam fecit mirabilium suorum, misericors et miserator Dominus : escam dedit timentibus se.

Memor erit in seculum testamenti sui : * virtutem operum suorum annuntiabit populo suo.

Ut det illis hæreditatem gentium : * opera manuum ejus veritas et judicium.

Fidelia omnia mandata ejus, confirmata in seculum seculi, * facta in veritate et æquitate.

Redemptionem misit populo 'suo : * mandavit in æternum testamentum suum.

Sanctum et terribile nomen ejus, * initium sapientiæ timor Domini.

Intellectus bonus omnibus facientibus eum; * laudatio ejus manet in seculum seculi.

Ant. t. 7, Non est inventus * similis illi, qui conservaret legem Excelsi.

PSAUME 111.

BEATUS vir qui timet Dominum, * in mandatis ejus volet nimis.

Potens in terra erit semen ejus, * generatio rectorum benedicetur.

Gloria et divitiæ in domo ejus : * et justitia ejus manet in seculum seculi.

Exortum est in tenebris lumen rectis : * misericors, et miserator , et justus.

Jucundus homo qui miseretur et commodat; * disponet sermones suos in judicio quia in æternum non commovebitur.

In memoriâ æternâ erit justus : * ab auditione malâ non timebit.

Paratum cor ejus sperare in Domino, confirmatum est cor ejus, * non commovebitur, donec despiciat inimicos suos.

Dispersit, dedit pauperibus, justitia ejus manet in seculum seculi : * cornu ejus exaltabitur in gloriâ.

Peccator videbit et irascetur; dentibus suis fremet et tabescet : * desiderium peccatorum peribit.

Ant. t. 8. Ideo jurejurando * fecit illum Dominus crescere in plebem suam.

PSAUME 112.

LAUDATE, pueri, Dominum, * laudate nomen Domini.

Sit nomen Domini benedictum, * ex hoc nunc, et usque in seculum.

A solis ortu usque ad occasum, * laudabile nomen Domini.

Excelsus super omnes gentes Dominus, * et super cœlos gloria ejus.

Quis sicut Dominus Deus noster, qui in altis habitat, * et humilia respicit in cœlo et in terra ?

Suscitans à terra inopem, * et de stercore erigens pauperem.

Ut collocet eum cum principibus, * cum principibus populi sui.

Qui habitare facit sterilem in domo, * matrem filiorum lætantem.

Ant. t. 7. Sacerdotes Dei, * benedicte Dominum : servi Domini, hymnum dicite Deo, alleluia

PSAUME 131.

Memento, Domine, David, * et omnis mansuetudinis ejus.

Sicut juravit Domino, * votum vovit Deo Jacob.

Si introiero in tabernaculum domûs meæ, * si ascendero in lectum strati mei.

Si dedero somnum oculis meis, * et palpebris meis dormitationem.

Et requiem temporibus meis, donec inveniam locum Domino, * tabernaculum Deo Jacob.

Ecce audivimus eam in Ephrata : * invenimus eam in campis sylvæ.

Introibimus in tabernaculum ejus : * adorabimus in loco ubi steterunt pedes ejus.

Surge, Domine, in requiem tuam; * tu et arca sanctificationis tuæ.

Sacerdotes tui induantur justitiam : * et sancti tui exultent.

Propter David servum tuum, * non avertas faciem Christi tui.

Juravit Dominus David veritatem, et non frustrabitur eam : * de fructu ventris tui ponam super sedem tuam.

Si custodierint filii tui testamentum meum, * et testimonia mea hœc quæ docebo eos.

Et filii eorum usque in seculum * sedebunt super sedem tuam.

Quoniam elegit Dominus Sion; * elegit eam in habitationem sibi.

Hæc requies mea in seculum seculi, * hic habitabo, quoniam elegi eam.

Viduam ejus benedicens benedicam : * pauperes ejus saturabo panibus.

Sacerdotes ejus induam salutari : * et sancti ejus exultatione exultabunt.

Illuc producam cornu David : * paravi lucernam Christo meo.

Inimicos ejus induam confusione : * super ipsum autem efflorebit sanctificatio mea.

Ant. t. 7. Serve bone * et fidelis, intra in gaudium Domini tui.

CAPITULUM. — Eccli., 44 c.

Ecce Sacerdos magnus, qui in diebus suis placuit Deo, et inventus est justus : et in tempore iracundiæ factus est reconciliatio.

HYMNUS.

Iste Confessor Domini, colentes
Quem pie laudant populi per orbem,
Hac die lætus meruit beatas
    Scandere sedes.

Qui pius, prudens, humilis, pudicus,
Sobriam duxit sine labe vitam,
Donec humanos animavit auræ
    Spiritus artus.

Cujus ob præstans meritum frequenter,
Ægra, quæ passim jacuere, membra,
Viribus morbi domitis, saluti
    Restituuntur.

Noster hinc illi Chorus obsequentem
Concinit laudem, celebresque palmas;
Ut piis ejus precibus juvemur
    Omne per ævum.

Sit salus illi, decus, atque virtus,
Qui super cœli solio coruscans,
Totius mundi seriem gubernat
    Trinus et unus. Amen.

℣. Amavit eum Dominus, et ornavit eum. ℟. Stolam gloriæ induit eum.

CANTICUM B. MARIÆ VIRGINIS. — *Luc.*, 1. *c.*

MAGNIFICAT * anima mea Dominum :
Et exultavit spritus meus * in Deo salutari meo.

Quia respexit humilitatem ancillæ suæ : * ecce enim ex hoc beatam me dicent omnes generationes.

Quia fecit mihi magna qui potens est, * et sanctum nomen ejus.

Et misericordia ejus a progenie in progenies * timentibus eum.

Fecit potentiam in brachio suo : * dispersit superbos mente cordis sui.

Deposuit potentes de sede, * et exaltavit humiles.

Esurientes implevit bonis, * et divites dimisit inanes.

Suscepit Israel puerum suum, * recordatus misericordiæ suæ.

Sicut locutus est ad patres nostros, * Abraham, et semini ejus in sæcula.

Gloria Patri.

Ad Magnif., *Ant. t.* 1. Amavit eum Dominus, * et ornavit eum . stolam gloriæ induit eum, et ad portas paradisi coronavit eum.

ORATIO.

Exaudi, quæsumus, Domine, preces nostras, quas in beati Germerii Confessoris tui atque Pontificis solemnitate deferimus : et qui tibi digne meruit formulari, ejns intercedentibus meritis, ab omnibus nos absolve peccatis, Per **Dominum.**